Traduction de l'anglais
par Pierre Bonhomme

Copyright © Zero To Ten Ltd 2003
Text copyright © Meg Clibbon 2003
Illustrations copyright © Lucy Clibbon 2003
This French edition published under licence
from Zero To Ten Limited, U.K.
All rights reserved
Titre original : Imagine you're a Princess !
© 2004, Circonflexe pour l'édition en langue française
ISBN 2-87833-340-3
Imprimé en Chine. Dépôt légal : avril 2004
Loi n° 49-956 du 16 juillet 1949
sur les publications destinées à la jeunesse

Si j'étais une Princesse...

La Princesse Mirella

Elle n'a ni petits pieds, ni pantoufles de vair,
ni méchante sœur. Mais elle a vraiment épousé,
il y a bien longtemps, son Prince Charmant
avec qui elle est toujours très heureuse. Rêvant
de châteaux à tourelles, de paons sur de douces
pelouses, elle se contente des cheminées
de sa maison et des moineaux de son petit jardin.

La Princesse Lulabelle

La princesse Lulabelle travaille dans l'atelier
enchanté d'un pays de conte de fées, peuplé
d'adorables princesses et de princes charmants.
Pour se délasser, elle aime chanter et danser
toute la nuit lors des fêtes du Palais.
Et elle n'oublie pas de s'occuper de ses deux
licornes apprivoisées au fond de son jardin.

circonflexe

Qu'est-ce qu'une princesse ?

Définition :

Habituellement, c'est la femme d'un prince,
ou bien la fille d'un couple royal.
En réalité, pour être une princesse,
il suffit de le vouloir ou de se conduire ainsi.
C'est pourquoi le monde est plein de princesses.

À quoi ressemble une princesse ?

Tout le monde sait à quoi ressemble une princesse de conte de fées.

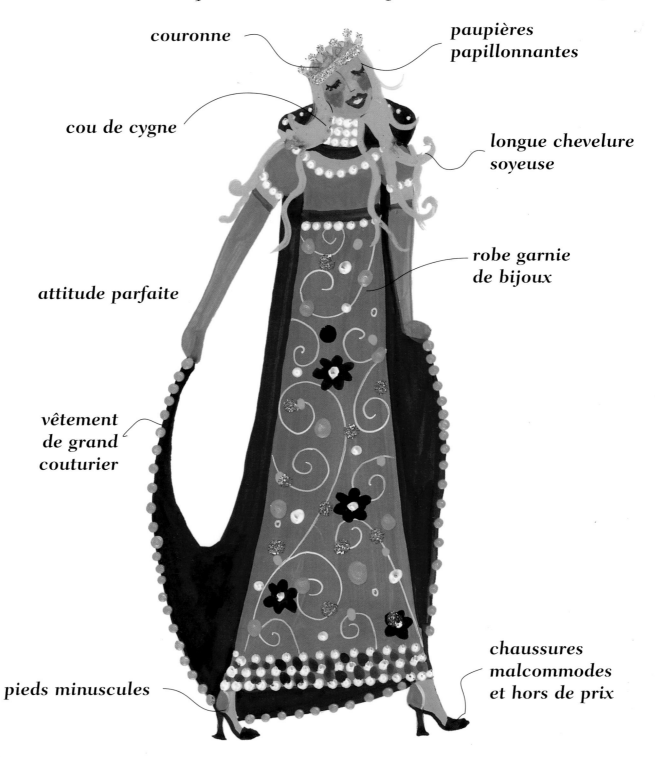

couronne

paupières papillonnantes

cou de cygne

longue chevelure soyeuse

attitude parfaite

robe garnie de bijoux

vêtement de grand couturier

pieds minuscules

chaussures malcommodes et hors de prix

Toutefois, les princesses ont souvent un aspect tout à fait ordinaire et n'aimeraient pas qu'on écrive des contes de fées à leur sujet.

Si tu veux être une vraie princesse, sers-toi de ton imagination ; ferme les yeux et va vers le pays des rêves.

Où habitent les princesses ?

Les princesses vivent dans les palais royaux
ou les châteaux de contes de fées aux hautes murailles
et aux tourelles aériennes. De douces pelouses
et des jardins parfumés y voisinent avec de frais ombrages
et des fontaines scintillantes. C'est là que les princesses
se promènent et s'amusent. Les pièces intérieures
sont tendues de tapisseries et de tentures de soie.
On y voit des meubles somptueux et des objets précieux.
Des soldats montent la garde. Et, entourées de leurs serviteurs,
les princesses mènent ainsi une vie facile et sans soucis.

La chambre d'une princesse

Certaines princesses sont tellement délicates qu'elles sentent
le moindre faux pli. Chaque soir, une femme de chambre vérifie
donc qu'il n'y a ni bosse dans le lit ni petit pois * sous le matelas.
Puis elle étend des draps de soie. (Certaines princesses modernes dorment
sous une couette. N'empêche, c'est toujours une bonne idée de vérifier
qu'il n'y a dans le lit ni petit pois, ni céréales, ni pop-corn.)

Avec douceur, une autre servante brosse cent fois les cheveux
de la princesse, tandis que des musiciens jouent une sérénade
pour qu'elle s'endorme. L'air est empli de suaves senteurs.
Au-dehors, voisinant la fenêtre de sa chambre, le rossignol chante.
La princesse fait alors des rêves délicieux.

* Relis, à ce sujet, le conte de La Princesse au Petit Pois.

La garde-robe de la princesse

Voici quelques-uns des vêtements (ils se comptent par centaines),
des chaussures, des bijoux et des accessoires appartenant à une princesse.
Ses femmes de chambre ont un travail fou pour entretenir le tout,
la princesse voulant être parfaite en toutes circonstances.

Ses animaux favoris

Les princesses aiment les animaux à condition qu'ils soient beaux,
propres ou apprivoisés. Elles aiment les cygnes, les papillons,
les paons et les canaris, mais elles préfèrent les licornes,
animaux magiques, mystérieux, que seules certaines personnes,
telles les princesses, peuvent entrevoir.

Comment devenir une princesse

Guide détaillé pas à pas

1. Débarrasse-toi des vêtements qui ne te plaisent plus. Passe-les à quelqu'un de moins difficile que toi dans ta famille, ou donne-les. Essaie de personnaliser tes affaires et demande à la reine (ta mère) si tu peux faire des échanges avec tes amies.

2. Ne mange que des choses saines et bois beaucoup d'eau. Ce sera bon pour ton teint.

3. Pour une princesse, la danse est le meilleur des exercices. Promener les chiens royaux est aussi recommandé, mais chevaucher une licorne est encore mieux.

4. Rappelle-toi qu'il faut toujours paraître soignée. Les princesses ont toujours les cheveux brillants, les ongles propres, des dents éclatantes.

5. Quand tu parles, choisis bien tes mots. Ne crie jamais, n'emploie pas d'expressions vulgaires.

6. Pense à de belles choses. Cela se verra sur ton visage, et tu feras ainsi le bonheur de ton entourage.

... Tu vas faire beaucoup de jalouses, bien entendu.
Mais tel est le sort des belles princesses.

e Jean Leman
ave Champagne·
Candiac, Qué
J5R 4W3

Journal intime d'une princesse

Lundi

Passé une nuit horrible. Me suis réveillée couverte de bleus par la faute d'une miette que la femme de chambre avait oubliée dans mon lit.

Mardi

Levée de bonne heure pour aller au gymnase du Palais y prendre ma leçon de maintien et suivre un cours de danse. Retour dans ma chambre pour une séance de manucure et de coiffure. Mis ma tenue matinale en soie et joué au croquet avec le Prince de Tarnia. Ai refusé sa demande en mariage.

Mercredi

Présidé au lancement d'un navire.

Jeudi

Ai participé à la cérémonie de remise des médailles à plusieurs chevaliers qui avaient sauvé des demoiselles en danger. Ai dû plus tard, lors du banquet officiel, me montrer charmante avec tous. Voudraient tous m'épouser. Refuserai, bien entendu.

Vendredi Passé toute la journée avec mon couturier créateur de robes. Au lit de bonne heure, épuisée.

Samedi

Promenade dans le jardin. Repos l'après-midi. Le soir, fête magnifique au Palais. Portais de nouveaux bijoux et robe de soirée favorite, avec coiffure assortie. Très bien dansé, tout le monde extasié. Couchée très tard, heureuse.

Dimanche
Repos.

Agence matrimoniale

À des kilomètres à la ronde, tous les princes, les chevaliers,
les pirates voudraient bien épouser une de ces belles princesses.
Mais celles-ci sont très difficiles. Aussi y a-t-il pénurie
de princes convenables, de célibataires acceptables.
Si bien qu'une Fée Marraine entreprenante a créé
une Agence Royale du Mariage. Voici deux de ses annonces.

On recherche

Un Prince pour une jolie Princesse
pleine de talents. Il devra aimer
cueillir de jolies fleurs.
Etre beau, ni brutal ni méchant.
Se tenir constamment prêt à servir
la Princesse et abandonner d'horribles
passe-temps tels que jouer au football
ou se battre.

Je suis désolé, mais je ne corresponds pas
aux exigences de cette princesse trop gâtée.
Non, merci. PRINCE MODÈLE

On recherche

Un Prince (ou un Pirate)
pour une Princesse qui s'ennuie.
De préférence quelqu'un
qui a une moto afin de l'emmener
à l'aventure. Il devra aimer
s'amuser et être prêt
à lui apprendre comment
vivre dans le monde réel.

Je demande un rendez-vous immédiat
avec cette adorable personne.
Oui ! Oui ! PRINCE MODÈLE

Règles de vie essentielles

Les princesses doivent toujours être charmantes, même si elles n'en ont pas vraiment envie. Voici quelques exemples de bonne conduite :

1. *Le matin, dire bonjour aimablement à ses parents.*

2. Offir son aide aux autres.

3. *Etre séduisante et intéressante au cours des banquets et des fêtes.*

L'étiquette

Voici quelques règles de vie en société, que peu de personnes respectent aujourd'hui, sauf les princesses naturellement :

1. Porter toujours sa couronne lors des événements officiels.

2. Ne jamais entrer dans une pièce autrement que la première (à la seule exception des hérauts d'armes).

3. Etre toujours très polie avec les gens, sinon ils penseront avoir affaire à une poseuse.

4. Avoir des vêtements de sport en coton ou en laine, jamais en soie ou en satin.

5. Ne jamais crier.

6. Ne pas s'amuser à lancer des petits pois pendant les repas.

7. Ne pas se mettre en colère quand on est en pyjama.

8. Avoir toujours un mouchoir propre sur soi, surtout si on veut le laisser tomber pour qu'un prince le ramasse.

Fêtes de princesses

Les princesses adorent donner des fêtes somptueuses comme celle-ci...

1. Escalier d'honneur
2. Salle des banquets
3. Fontaine à soda
4. Fanfare de trompettes
5. Statues musicales
6. Jeu de furet
7. Danse de cour
8. Jongleur de la cour
9. Cadeaux royaux

Princesses célèbres

Dans les contes, les princesses ont toujours des ennuis,
malgré les avantages de leur situation. En général,
leur beauté en est la cause. Etre belle a ses inconvénients :
Blanche-Neige rend sa marâtre jalouse, la Belle au Bois Dormant,
bien qu'elle n'ait rien à se reprocher, provoque la colère
de sa marraine. Séquestrée par une sorcière au sommet
d'une haute tour, Rapunzel devient princesse après avoir
été une petite fille ordinaire, seulement dotée
par sa mère d'une chevelure exceptionnelle.
Grâce à des princes beaux et courageux qui bravent
maints dangers pour les libérer, toutes trois en réchappent
et vivent ensuite pour toujours heureuses avec eux.

Le langage des princesses

Les princesses ne disent jamais de gros mots.
Elles apprennent le beau langage à l'École du Charme.
Fais-en de même avec tes amies et ta famille.

" Bonjour, mes très chers père et mère,
avez-vous bien dormi ? "

" Je dois, avec regret, décliner
votre aimable proposition de mariage. "

" Veuillez, je vous prie, m'accompagner en ce jardin. "

" Comme il est doux de savoir
que vous risquez votre vie pour moi ! "

Travaux pratiques

Peintures princières

Dessine une princesse de conte
de fées dans son beau jardin.
Emploie plein de belles couleurs
brillantes, des paillettes
et des fleurs séchées
pour la touche finale.

Fleurs séchées

Cueille des petites fleurs, de jolies feuilles,
des herbes, et étale-les soigneusement entre deux
feuilles de buvard ou de papier essuie-tout.
Pose par-dessus de gros livres ou des poids,
pendant plusieurs semaines, jusqu'à ce qu'elles
soient sèches. Tu pourras ensuite disposer
ces fleurs séchées sur des cartes destinées
à ta famille, à tes suivantes ou à ton prince favori.

Un thé de princesse

Invite tous tes amis à un thé, en prévoyant
des jeux, des boissons et des gâteaux,
comme celui des Demoiselles d'honneur.

Gâteau
des Demoiselles d'honneur

Il faut avoir :
100 g. de pâte brisée toute faite

de la confiture

50 g. de sucre

50 g. de farine avec poudre levante

50 g. de beurre

un œuf

Recette

Déroule la pâte et découpe-la en ronds.

Place ces ronds dans des moules à gâteaux.

Pose une cuillerée de confiture sur chacun.

Mélange le beurre tiédi avec l'œuf,

le sucre et la farine, puis dépose

une cuillerée de ce mélange sur la confiture.

Avec la pâte qui reste, découpe des bandes

que tu placeras, en les croisant, sur les gâteaux.

Fais cuire à four modéré pendant 20 minutes.

Tes suivantes et tes demoiselles d'honneur adoreront.